AF189143

# Vorwort:

Ich freue mich sehr, dass du dich für dieses Buch entschieden hast. Als Autogener Trainer, aber vor allem auch als Hypnosetherapeut habe ich für dich ein Buch zusammengestellt, das dich und vor allem deine Teilnehmer viel schneller und einfacher ins Autogene Training einsteigen lässt. Am Ende jeder Sitzung ist es sinnvoll, ein geführtes Autogenes Training anzubieten. Natürlich ist es gut, sich selbst etwas zu überlegen. Diese Arbeit kannst du mit diesem Buch sparen oder die Texte hier als Ergänzung oder Ideenpool verwenden. Denn in diesen Texten werden die Formeln nicht nur zu einer Geschichte verbunden, sondern sind ganz gezielt darauf ausgerichtet, dem Unterbewusstsein der Teilnehmer die Formeln Schutlz's wesentlich schneller verfügbar zu machen. Daher findet unter anderem das Sprachmodell Milton Ericksons immer wieder Anwendung. Von Woche zu Woche werden die Teilnehmer tiefer und tiefer in die Geschichten „eingesaugt", die Effektivität der Autogenen Trainings steigt rasant, genauso wie dein Ruf als guter Autogener Trainer!

Wenn du noch Ideen brauchst, wie die geführten Autogenen Trainings für maximalen Erfolg zu sprechen sind, dann findest du die Geschichte 1 und 7 von mir aufgesprochen als Download im Shop meditation-musicload.de in der Kategorie: Autogenes Training. Als kleines Extra ist die Musik ohne Stimme beim Download mit dabei! Und als Käufer dieses Buches erhalten Sie im Shop 20% Rabatt mit dem Code: „AT-Buch"

Selbstverständlich kannst du dieses Buch auch in jeder anderen Gruppe verwenden, in der Entspannung angesagt ist. Es wird immer funktionierten, wenn die Texte gut gesprochen sind. Altenheime, Betreutes Wohnen, in

Clubs, Zentren, Schule und Krankenhaus. Die Texte sind von 10-100 Jahre geeignet und wirksam!

Ich wünsche dir viele schöne Stunden mit diesem Buch und freue mich, wenn du mir über deine Erfahrungen berichtest. Schreibe dazu eine E-Mail an: magische.weide@web.de oder besuche meine Website www.münchner-hypnosepraxis.de

Herzlichst

Daniel Förster

# Aufwachübung

Am Ende jedes geführten Autogenen Trainings steht die Aufwachübung. Sie ist immer gleich. Ein Beipiel:

**Doch nun wird es Zeit zurückzukehren in das hier und jetzt. Drum balle deine Hände zur Faust. Bewege deine Arme. Recke und strecke dich und öffne deine Augen.**

# Inhalt:

# 1. Chinesischer Garten im Abendlicht

Der Tag neigt sich langsam um behutsam dem Ende entgegen. Versonnen lehnst du dich auf einer knorrigen alten Bank zurück und lauscht den Klängen der Musik. Was für ein schöner Anblick, dieser Pavillon, der sich im schillernden Spiegel des Teichs in diesem chinesischen Garten spiegelt. Nimm dir die Zeit, die wunderbare Pracht aus farbigen Büschen und Gräsern, die den Teich säumen mit allen Sinnen wahrzunehmen. **Du bist ganz ruhig und entspannt.** Hin und wieder spürst du einen Windhauch, der durch die Blätter gleitet und das rot der tiefstehenden Sonne zum Tanzen bringt. Lass dich noch tiefer hinein sinken. Entspanne, genieße. Möglicherweise willst du die Augen schließen um die angenehme Wärme in diesem Garten noch mehr zu genießen. **Du bist ganz ruhig und entspannt.**

Nimm wahr, wie sich die Entspannung, die sich bereits jetzt schon bei dir eingestellt hat, auf deinen Körper auswirkt. **Dein Körper ist angenehm schwer. Dein Körper ist angenehm schwer.** Du brauchst gar nichts zu tun. Beobachte nur und staune, wie die rote Sonne tiefer und tiefer in das Blattwerk hinein sinkt und die Schatten über dem Teich langsam länger und länger werden. **Dein Körper ist angenehm schwer. Dein Körper ist angenehm schwer.** Und vielleicht kannst du dich noch ein wenig tiefer hinein sinken lassen – in die weiche, angenehme Unterlage, auf der du dich befindest. Kuschle dich richtig ein. **Dein Körper ist angenehm schwer. Dein Körper ist angenehm schwer. Du bist ganz ruhig und entspannt.** Es ist Sommer und der Garten steht in voller Pracht. Hin und wieder wandelt ein buddhistischer Mönch versonnen vorüber. Die Abendsonne erhellt deinen Körper und wärmt ihn. **Dein Körper ist angenehm warm. Dein Körper ist angenehm warm.** Und deine Gedanken wandern an einen Ort, an dem du diese angenehme Wärme ganz intensiv gespürt hast. Ein Ort, an dem du dich so richtig wohl fühlst. **Dein Körper ist angenehm warm. Dein Körper ist angenehm warm.** Spüre, wie sich die Wärme sich strömend ausdehnt und nach und nach deinen ganzen Körper vom Kopf bis zu den Füßen eine angenehme Wärme einhüllt. **Dein Körper ist angenehm warm. Dein Körper ist angenehm warm. Du bist ganz ruhig und entspannt.**

Hast du bemerkt, wie ruhig und gleichmäßig dein Atem bereits geht? Möglicherweise ist er bereits jetzt schon zum Zeugnis für deine Ruhe und Entspannung geworden. **Dein Atem geht ruhig und gleichmäßig. Dein Atem geht ruhig und gleichmäßig.** Der buddhistische Mönch zieht Schritt für Schritt seine Runden um den See. Sein Gang ist ruhig und gleichmäßig. **Dein Atem geht ruhig und gleichmäßig.** Er scheint sich deine Atemzügen anzugleichen, du scheinst dich seinen Schritten anzugleichen, die du wunderbar hören kannst, weil der runde Kies jede Bewegung hörbar werden lässt. Ein – und aus – Schritt für Schritt. Atmen, genießen – Zeit fließt. Entspannen. **Dein Atem geht ruhig und gleichmäßig. Dein Atem geht ruhig und gleichmäßig.** Das Schilfrohr wiegt sich in einer warmen Brise und lässt seinen Schatten über den ruhig daliegenden Teil gleiten. **Dein Atem geht ruhig und gleichmäßig. Du bist ganz ruhig und entspannt.**

Höre die Melodie, die den Garten scheinbar mit einer ungeheuren Liebe füllt. Dir Geborgenheit gibt und sich Sicherheit, einfach zu sein. Wie von alleine richtet sich deine Aufmerksamkeit auf dein Herz. **Dein Herzschlag geht ruhig und regelmäßig. Dein Herzschlag geht ruhig und regelmäßig.** Es scheint im Takt dieser Melodie zu schlagen. Wie wunderbar, dass du nichts tun musst und dein Herz immer sorgsam für dich schlägt. **Dein Herzschlag geht ruhig und regelmäßig. Dein Herzschlag geht ruhig und regelmäßig.** Bedanke dich bei deinem Herzen, dass es immer für dich da ist – dich begleitet, damit du sorglos leben kannst. **Dein Herzschlag geht ruhig und regelmäßig. Dein Herzschlag geht ruhig und regelmäßig. Du bist ganz ruhig und entspannt.**

Der Teich liegt mit seinem warmen, klaren Wasser so einladend da. Du gehst an eine Stelle, wo sonst Wasser geschöpft wird, setzt dich und lässt deine Füße im Wasser baumelnd gleiten. Das Wasser ist wärmer als du gedacht hast und diese angenehme Wärme scheint sich über deine Beine nach oben bis in dein Sonnengeflecht zu steigen. **Dein Sonnengeflecht ist strömend warm. Dein Sonnengeflecht ist strömend warm.** Du lehnst dich nach hinten und stützt dich mit den Armen ab. Dein Sonnengeflecht steht nun der rötlichen, tief liegenden Sonne direkt gegenüber. **Dein Sonnengeflecht ist strömend warm.** Diese heilende Wärme scheint sich in deinem gesamten Körper auszubreiten. Die Sonne strahlt hinein und diese heilende Wärme, die dir auch heute Nacht noch weiter so gut tun wird, strömt an jede Stelle, in jede Faser deines Körpers. **Dein Sonnengeflecht ist strömend warm. Dein Sonnengeflecht ist strömend warm.** Mit jedem Atemzug, mit jedem Schlag deines Herzens kannst du vielleicht jetzt schon die heilende Wirkung spüren, die dich nur für jetzt müder und müder werden lässt. Um besonders gut wirken zu können. Um besonders gut zu heilen und zu stärken, damit du morgen wieder frisch und regeneriert den Tag genießen kannst. **Dein Sonnengeflecht ist strömend warm. Du bist ganz ruhig und entspannt.**

Die Schatten im Garten sind länger und länger geworden – die Nacht bricht herein. Im Pavillon hat ein Gärtner eine anmutig wirkende Flamme entzündet. Die Tiere haben sich zur Ruhe gelegt. Nach und nach verschwindet die Sonne hinter der Gartenmauer, die die Anlage schützende säumt. Auf deiner Stirn macht sich eine angenehme Kühle bemerkbar. **Deine Stirn ist angenehm kühl.** Auch deine Gedanken kommen zur Ruhe. Jeder Gedanke ist in Ordnung. Lass ihn jedoch ziehen wohin er will. **Deine Stirn ist angenehm kühl.** Du kannst jetzt loslassen. **Deine Stirn ist angenehm kühl. Du bist ganz ruhig und entspannt.**

Aufwachübung

# 2. Am Strand

Stelle dir vor, du liegst an einem weißen Sandstrand – du hörst das Rauschen der Wellen und eine warme Sommerbrise streichst sanft über deinen Körper – **Du bist ganz ruhig und entspannt.** Die Wellen lassen das Wasser sanft über die Sandkörner perlen, die in der Sonne funkeln. **Du bist ganz ruhig und entspannt.**

Fühle durch dein Handtuch auf dem du liegst, den Sand, der sich leicht unter deinem Körpergewicht formt. Dein Körper ist angenehm schwer, **dein Körper ist angenehm schwer. Dein Körper ist angenehm schwer.** Spüre die angenehme Schwere, die du an jedem Punkt deines Körpers spüren kannst. **Dein Körper ist angenehm schwer.** Dein Körper ist angenehmem schwer. **Du bist ganz ruhig und entspannt.**

Die Sonne funkelt durch die Blätter einer Palme, die sich sanft mit ihren Wedeln im Wind über das Wasser streicht. Deine Körper ist angenehm warm. **Dein Körper ist angenehm warm. Dein Körper ist angenehm warm.** Spüre die Wärme, die die Sonne auf deinen Körper ausströmt. **Dein Körper ist angenehm warm.** Lass die Wärme, wie auch die Schwere über deinen Körper streichen, sich ausbreiten, wie ein Rauschen einer Welle, die den Strand mit warmen Wasser benetzt. **Dein Körper ist angenehm warm. Dein Körper ist angenehm warm. Du bist ganz ruhig und entspannt.**

Vielleicht kannst du dich daran erinnern, wie du im Urlaub am Strand gelegen bist und nichts anderes mehr gespürt hast, als die Wärme der Sonne und deinen Atem, der langsam ein und ausstreicht. **Dein Atem geht ruhig und gleichmäßig. Dein Atem geht ruhig und gleichmäßig. Dein Atem geht ruhig und gleichmäßig.** Beobachte deinen Atem, der wie das Rauschen der Wellen kommt und geht. **Dein Atem geht ruhig und gleichmäßig. Dein Atem geht ruhig und gleichmäßig.** Beobachte, wie du geatmet wirst, wie dein Unterbewusstsein für dich sorgt. Es atmet dich. **Dein Atem geht ruhig und gleichmäßig. Du bist ganz ruhig und entspannt.**

So wie der Atem ruhig und gleichmäßig ist, so hat sich dein Herzschlag dem Rhythmus des Atems längst angepasst. **Dein Herzschlag geht ruhig und regelmäßig. Dein Herzschlag geht ruhig und regelmäßig. Dein Herzschlag geht ruhig und regelmäßig.** Bedanke dich bei deinem Herzen, dass es immer für dich da ist und für dich schlägt. **Dein Herzschlag geht ruhig und regelmäßig. Dein Herzschlag geht ruhig und regelmäßig.** Spüre hinein und genieße die innere Ruhe, wenn du deinem Herzschlag folgst. **Dein Herzschlag geht ruhig und regelmäßig. Du bist ganz ruhig und entspannt.**

Lass deine Aufmerksam nach unten wandern, zu deinem Solarplexus. Deinem Sonnengeflecht, dem Schwerpunkt und stelle dir vor wie die Sonne sich darin spiegelt, es wärmt und die Selbstheilung anregt. **Dein Sonnengeflecht ist strömend warm. Dein Sonnengeflecht ist strömend warm. Dein Sonnengeflecht ist strömend warm.** Während die Wärme der Sonne in deinen Körper strömt, verlässt alles was dir schadet, deinen Körper durch deine Hände und Füße. Du strahlst Heilung aus deinem Bauch, während alles Schlechte aus deinen Händen und Füßen hinaus gleitet und im warmen Sand versickert. **Dein Sonnengeflecht ist strömend warm. Dein Sonnengeflecht ist strömend warm.** Lass nun die letzten Gedanken, die stören, einfach verblassen. Dein Sonnengeflecht ist strömend warm. **Du bist ganz ruhig und entspannt.**

Die flirrende Hitze am Strand wird unterbrochen durch eine kühle Brise, die sanft über deinen, nur von Badekleidung bedeckten Körper strömt. Fühle diese angenehme Kühle auf deiner Stirn. **Deine Stirn ist angenehm kühl. Deine Stirn ist angenehm kühl.** Spüre, wie deine Gedanken klarer und klarer werden und du auch geistig in eine neue, vollkommene Ruhe gleitest. **Deine Stirn ist angenehm kühl. Du bist ganz ruhig und entspannt.**

Aufwachübung

# 3. Im Wald

Versetze dich mit allen Sinnen in einen wunderschönen Wald, indem du dir
vorstellst, wie die Baumwipfel im Wind rauschen, das sanfte Sonnenlicht
durch das Blätterdach funkelt und die warme Waldluft über deine Haut
streicht. Möglicherweise kannst du den Wald sogar riechen oder du
erinnerst dich, wie er gerochen hat, damals, als du einfach so einen
Spaziergang durch den Wald gemacht hat. **Du bist ganz ruhig und
entspannt.** Suche dir einen Platz auf einer moosbedeckten Lichtung und
streiche sanft mit deiner Hand über das hellgrüne, weiche Moos. **Du bist
ganz ruhig und entspannt.**

Setze oder lege dich auf das Bett aus angenehm weichen Moos, das einen
so unvergleichlichen Duft verströmt, der dich einlädt, zu träumen. Vielleicht
möchtest du einmal nach oben sehen, um die Vögel zu beobachten, die in
den Baumwipfeln ihr Lied singen … Schließe deine Augen und fühle, wie du
langsam, geleitet vom Gesang der Vögel in das Moos hinein sinkst. **Dein
Körper ist angenehm schwer.** Lass es zu, dich einfach treiben zu lassen
und spüre durch deine geschlossenen Augenlider die Sonne, die wie ein
Diamant durch das Blätterdach funkelt. **Dein Körper ist angenehm**

schwer. **Dein Körper ist angenehm schwer. Dein Körper ist angenehm schwer.** Fühle, diese angenehme Schwere, die dich immer weiter aus deinem Alltag herausgleiten lässt. **Dein Körper ist angenehm schwer. Dein Körper ist angenehm schwer. Du bist ganz ruhig und entspannt.**

Spüre die Ruhe und vielleicht kannst du dir jetzt schon vorstellen, dass es in deiner Fantasie möglich ist, dieses warme, weiche Moos einfach wie eine Decke über deinen Körper zu legen. **Dein Körper ist angenehm warm. Dein Körper ist angenehm warm.** Fühle, wie sich diese angenehme Wärme über deinen Körper von irgendwo auszubreiten beginnt. **Dein Körper ist angenehm warm. Dein Körper ist angenehm warm.** Die Geborgenheit des Waldes scheint dich komplett zu durchdringen, was sich in einem angenehm warmen Gefühl in dir auswirkt. **Dein Körper ist angenehm warm. Dein Körper ist angenehm warm. Du bist ganz ruhig und entspannt.**

Der Atem des Waldes bewegt die Blätter um dich herum sanft hin und her, wie auch dein Atem langsam ein- und ausgeht. **Dein Atem geht ruhig und gleichmäßig. Dein Atem geht ruhig und gleichmäßig. Dein Atem geht ruhig und gleichmäßig.** Fühle den Atem des Waldes, wie er über dein Gesicht und deine Hände angenehm warm streicht. **Dein Atem geht ruhig und gleichmäßig.** Spüre, wie die Kraft des Waldes deinen Atem noch ruhiger werden lassen kann. **Dein Atem geht ruhig und gleichmäßig. Dein Atem geht ruhig und gleichmäßig. Du bist ganz ruhig und entspannt.**

Lenke nun deine Aufmerksamkeit auf deinen Puls. Vielleicht kannst du ihn an deinem Hals fühlen, vielleicht aber auch direkt auf deiner Brust. Dein Herz schlägt für dich **ruhig und beständig,** so wie es diesen Wald auch schon immer gab. **Dein Herzschlag geht ruhig und regelmäßig. Dein**

**Herzschlag geht ruhig und regelmäßig. Dein Herzschlag geht ruhig und regelmäßig.** So, wie sich die Bäume im Wind pendelartig und gemächlich von links nach rechts und wieder zurück bewegen, so bewegt sich auch dein Herz gleichmäßig im Takt des Windes. **Dein Herzschlag geht ruhig und regelmäßig. Dein Herzschlag geht ruhig und regelmäßig. Du bist ganz ruhig und entspannt.**

Stelle dir vor, du bist nun selbst eins geworden, mit dem warmen Moos, das dich so angenehm kleidet. Lasse nun einen Gedanken, wie einen lebensspendenden Wassertropfen auf dein Sonnengeflecht fallen und spüre, wie es sich in ihm zu regen beginnt. **Dein Sonnengeflecht ist strömend warm. Dein Sonnengeflecht ist strömend warm.** Du bist die Energie, die neue Kraft entstehen lässt. Eine Pflanze, vielleicht deine Lieblingspflanze, die aus deinem Sonnengeflecht zu wachsen beginnt. **Dein Sonnengefecht ist strömend warm. Dein Sonnengeflecht ist strömend warm.** Lasse diese neue Kraft, die in dir entstanden ist hinaufwachsen, bis sich deine Erde und der sonnige Himmel verbinden. Lächle und genieße den Energiefluss zwischen dir und dem Himmel. **Dein Sonnengeflecht ist strömend warm. Dein Sonnengeflecht ist strömend warm. Du bist ganz ruhig und entspannt.**

Der Tag ist vorangeschritten und im Abendlicht haben sich die ersten Wassertropfen an den Baumwipfeln gebildet, die vereinzelt herunter segeln. Einer dieser Tropfen berührt deine Stirn ganz sanft und hinterlässt ein angenehm kühles Gefühl. **Deine Stirn ist angenehm kühl. Deine Stirn ist angenehm kühl. Deine Stirn ist angenehm kühl. Du bist ganz ruhig und entspannt.**

Aufwachübung

# 4. Die Wanderung

Schließe deine Augen und stelle dir vor, du bist am Fuße eines Berges, den du gleich besteigen wirst. Den Alltag hast du weit hinter dir gelassen und du konzentrierst dich nur auf die Geräusche hier in der Natur. Vielleicht kannst du den leichten Wind fühlen, wenn er dir um die Nase weht. **Du bist ganz ruhig und entspannt.** Schau dir versonnen den Weg an, der hell und warm in der Sonne funkelt. **Du bist ganz ruhig und entspannt.**

Langsam beginnst du den steinigen Weg hinauf zu wandern. Vielleicht spürst du eine gewisse angenehme Schwere, die sich in deinem Körper bei jedem Schritt mehr und mehr breit macht. **Dein Körper ist angenehm schwer. Dein Körper ist angenehm schwer.** Vielleicht kannst du dich erinnern, wie es war, als du das letzte Mal nach einem erfolgreichen Tag dich in ein Sofa hast hinein sinken lassen. **Dein Körper ist angenehm schwer. Dein Körper ist angenehm schwer.** Genauso ist dieses angenehme Gefühl, wenn du den sanft ansteigenden Hang, den du vielleicht mit jedem Schritt unter deinen Füßen spüren kannst, erklimmst. **Dein Körper ist angenehm schwer. Dein Körper ist angenehm schwer. Du bist ganz ruhig und entspannt.**

Du wanderst weiter und siehst, wie mit jedem Schritt der Wald in dem du zuerst gelaufen bist, immer lichter und lichter wird. Die Bewegung tut dir unheimlich gut und du spürst, wie sich einen angenehme Wärme immer mehr in dir erzeugt. **Dein Körper ist angenehm warm. Dein Körper ist angenehm warm. Dein Körper ist angenehm warm.** Die Wärme breitet sich in dir von irgendwo aus und lässt die anfangs noch schweren Schritte noch angenehmer werden. **Dein Körper ist  angenehm warm.** Meter für Meter wird dein Körper von dieser angenehmen Wärme mehr und mehr durchflutet. **Dein Körper ist angenehm warm. Dein Körper ist angenehm warm. Du bist ganz ruhig und entspannt.**

Der Alltag scheint schon lange vergessen und dein Atem hat sich deinen Schritten angepasst. Er geht langsam ein – und aus. **Dein Atem geht ruhig und gleichmäßig. Dein Atem geht ruhig und gleichmäßig.** Du kannst ganz frei sein und riechst diesen frischen Duft, den die Pflanzen auf dem Berg verströmen. **Dein Atem geht ruhig und gleichmäßig. Dein Atem geht ruhig und gleichmäßig.** Nimm dir die Zeit, die du brauchst, um dem Gipfel immer näher zu kommen. Spüre, wie dein Körper für die nötige Energie sorgt, indem er dich atmet! **Dein Atem geht ruhig und gleichmäßig. Dein Atem geht ruhig und gleichmäßig. Du bist ganz ruhig und entspannt.**

Du bist oben angekommen und vor dir erstreckt sich ein wunderbares Panorama aus Bergen und Tälern. Die frische Luft umströmt deinen Körper und du genießt die Ruhe, die dieser Gipfel verströmt. Immer ruhiger und ruhiger wirst du, während du da unter dem Gipfelkreuz sitzt, während  du dein Herz fühlen kannst, wie es ruhig und regelmäßig schlägt. **Dein Herzschlag ist ruhig und regelmäßig. Dein Herzschlag ist ruhig und regelmäßig. Dein Herzschlag ist ruhig und regelmäßig.** Jede Sekunde scheint sich dein Herz dieser Ruhe immer noch mehr anzupassen, wie ein

Pendel, das mit jeder Schwingung noch ruhiger wird. **Dein Herzschlag ist ruhig und regelmäßig.** Lass diese Ruhe jetzt noch mehr zu. **Dein Herzschlag ist ruhig und regelmäßig. Dein Herzschlag ist ruhig und regelmäßig. Du bist ganz ruhig und entspannt.**

Die Sonne scheint, so wie du es magst und du legst dich auf eine Wiese, die sich unmittelbar neben dem Gipfelkreuz befindet. Die Sonne scheint wunderbar warm auf deinen Bauch und wärmt ihn. Vielleicht hast du früher oder später das Gefühl, dass diese Wärme in Richtung Himmel zurückzustrahlen scheint. **Dein Sonnengeflecht ist strömend warm. Dein Sonnengeflecht ist strömend warm.** Die Wärme strahlt Heilung in alle Richtungen deines Körpers, die du vielleicht bereits jetzt fühlen kannst. **Dein Sonnengeflecht ist strömend warm. Dein Sonnengeflecht ist strömend warm. Dein Sonnengeflecht ist strömend warm.** Lass diese Verbindung zwischen Himmel und Erde einfach zu. **Dein Sonnengeflecht ist strömend warm. Du bist ganz ruhig und entspannt.**

Ein Windhauch umspielt deine Stirn und du merkst möglicherweise eine angenehme Kühle, die deine Stirn verströmt. **Deine Stirn ist angenehm kühl.** Klare Gedanken fassen und neues in Angriff zu nehmen, sind die ersten Dinge, die du wieder in Angriff nehmen könntest, wenn du diesen wunderbaren Berg wieder verlassen hast. **Deine Stirn ist angenehm kühl. Deine Stirn ist angenehm kühl. Du bist ganz ruhig und entspannt.**

Aufwachübung

# 5. Das Korallenriff

Da du nun schon einige Erfahrung in Autogenem Training hast, entführe ich dich heute in eine Welt, die du so vielleicht noch nicht erlebt hast. Lass dich von meiner Stimme leiten in die bunte Welt eines Korallenriffs. Vielleicht hast du bereits erfahren dürfen, wie einfach es ist, sich in seiner Fantasie die Welt noch schöner vorzustellen, als du es für möglich gehalten hast. Und so stelle dir vor du gleitest von einem Boot aus hinein in die angenehm warmen Tiefen eines tropischen Ozeans.  Das Atmen fällt dir auch unter Wasser ganz leicht und du kannst in vollen Zügen alles, was dich umgibt, sicher genießen. Und so lässt du dich tragen von der Schwerelosigkeit des Wassers und genießt, wie es deinen Körper angenehm warm umspült. **Du bist ganz ruhig und entspannt. Du bist ganz ruhig und entspannt.**

Lenke deine Aufmerksamkeit auf deinen Körper, wie er schwerelos durch das Wasser gleitet. Die Erde zieht ihn angenehm schwer hinunter, währen das Wasser diese Schwere nur so weit ausgleicht, dass du weder steigst, noch fällst. **Dein Körper ist angenehm schwer. Dein Körper ist angenehm schwer.** Ein Schwarm Fische in deiner Lieblingsfarbe begleitet dich ein Stück, während du dich weiter, einfach vom warmen Wasser, das sich wie ein Seidenschal um deinen Körper legt, tragen lassen kannst. **Dein Körper ist angenehm schwer. Dein Körper ist angenehm schwer.** Fühle in dich hinein, an welcher Stelle deines Körpers diese angenehme Schwere am besten fühlbar ist und rolle dich langsam und schwerelos im Wasser hin und her. **Dein Körper ist angenehm schwer. Dein Körper ist angenehm schwer. Du bist ganz ruhig und entspannt.**

Drehe dich nun, während du weiter wie ein Fisch unter Wasser dahingleitest, auf den Rücken, sodass du die Wasseroberfläche von unten sehen kannst. Wenn du die Augen geschlossen haben solltest, so nimm das wellig perlende Licht wahr – die Sonne, die vom Wasser gebrochen wird und die das wabernde Licht durch deine Augenlider fallen lässt. Vielleicht kannst du nun auch diese angenehme Wärme spüren, die die kraftvolle Sonne auf deinen Körper selbst unter der Wasseroberfläche ausübt. Ich frage mich, wo sie deinen Körper zuerst angenehm erwärmt. **Dein Körper ist angenehm warm. Dein Körper ist angenehm warm. Dein Körper ist angenehm warm.** Genieße dieses getragen werden und das angenehm, warme Gefühl, wie wenn du abends ins Bett gehst und sich dein Körper unter der Bettdecke langsam mehr und mehr erwärmt. **Dein Körper ist angenehm warm.** Du gleitest weiter durch das funkelnde Wasser und vielleicht hast du dich wieder in Richtung des sandigen Meeresboden gedreht, wo die Sonne wunderbare Muster in den Sand zeichnet. **Dein Körper ist angenehm warm. Dein Körper ist angenehm warm. Du bist ganz ruhig und entspannt.**

Langsam näherst du dich einem bunten Korallenriff, so schön, wie du es vielleicht noch nie gesehen hast. Die bunten Korallen überziehen über weite Strecken das Korallenriff, das von Fischschwärmen, die kleine Futterstücke aus den Ritzen der Steine sammeln, bewohnt wird. Die Korallen bewegen sich langsam hin und her. Das Riff strahlt eine unheimliche Ruhe aus, die du vielleicht an deinem Atem spüren kannst. **Dein Atem geht ruhig und gleichmäßig. Dein Atem geht ruhig und gleichmäßig.** So wie die Korallen sich im ewigen Pendel des Ozeans hin und her bewegen, so geht auch dein Atem gleichmäßig ein und aus. **Dein Atem geht ruhig und gleichmäßig. Dein Atem geht ruhig und gleichmäßig.** In deiner Fantasie ist alles möglich, und so kannst du auch jetzt, wenn du möchtest, deinen Atem von den Wogen des Meeres steuern lassen. **Dein Atem geht ruhig und gleichmäßig. Dein Atem geht ruhig und gleichmäßig. Du bist ganz ruhig und entspannt.**

So, wie dein Atem sich bereits jetzt beruhigt hast, so ist auch dein Herzschlag deinem Atem längst gefolgt. **Dein Herzschlag geht ruhig und regelmäßig.** Du beobachtest einen kleinen gelben Fisch, wie er geduldig versucht, etwas aus einem Spalt herauszupicken. Er ist so ruhig und geduldig dabei, wie auch du immer mehr Ruhe in dir fühlen kannst. **Dein Herzschlag geht ruhig und regelmäßig.**

**Dein Herzschlag geht ruhig und regelmäßig.** Er hat eine zauberhafte große Muschelschale gefunden, die er behutsam in deine Hände legt. Du nimmst die Muschelschale und legst sie auf dein Herz. **Dein Herzschlag geht ruhig und regelmäßig.** Fühle mit allen Sinnen dieses wunderbare Riff, schau dir die bunten Farben an, die Bewegung der Korallen, das Lichtspiel der Wellen, das deinen Körper angenehm wärmt. Vielleicht kannst du auch in der Ferne das Plätschern der Wellen hören, wenn sie sanft auf den weißen, warmen Sandstrand auflaufen. **Dein Herzschlag geht ruhig und regelmäßig. Dein Herzschlag geht ruhig und regelmäßig. Du bist ganz ruhig und entspannt.**

Mit diesen wunderschönen Bildern im Herzen nimmst du die Muschelschale in eine Hand und verlässt du das Korallenriff. Du lässt dich langsam und behutsam in Richtung Strand treiben. Möglicherweise kannst du dieses Glücksgefühl, das die Szenerie in dir erzeugt hat, bereits jetzt in deinem Bauch spüren. **Dein Sonnengeflecht ist strömend warm. Dein Sonnengeflecht ist strömend warm.** Fühle dieses Glück, dass so wichtig für dich ist, denn du weißt bereits, dass Glück und Zufriedenheit die Voraussetzung für deine körperliche und seelische Heilung sind. **Dein Sonnengeflecht ist strömend warm. Dein Sonnengeflecht ist strömend warm.** Lege nun die Muschelschale auf deinen Bauch, um dieses Glück, diese Wärme noch besser spüren zu können. **Dein Sonnengeflecht ist strömend warm. Dein Sonnengeflecht ist strömend warm. Du bist ganz ruhig und entspannt.**

Du bist am Strand angekommen. Deine Füße können den weichen Sand bereits berühren, sodass du langsam deinen Kopf aus dem Wasser nehmen kannst. Ein Wind streicht über dein Haupt und bringt dir eine angenehme Kühle, die dir in diesem Moment besonders gut tut. **Deine Stirn ist angenehm kühl. Deine Stirn ist angenehm kühl.** Du steigst aus dem Wasser und trocknest erst deinen Oberkörper, dann die Beine ab, während du weiter diese angenehme Kühle auf deiner Stirn spüren kannst. **Deine Stirn ist angenehm kühl. Du bist ganz ruhig und entspannt.**

Aufwachübung

# 6. Mein Lieblingsplatz

Schließe deine Augen und stelle dir vor, du bist endlich wieder an für dich angenehmen Ort, deinem Lieblingsplatz. Dieser Platz kann aus deiner Gegenwart, aber auch aus deiner Vergangenheit, vielleicht sogar aus deiner Fantasie sein. Gehe mit allen Sinnen dorthin. Fühle deine Umgebung, schau dich etwas um, vielleicht hörst du angenehme Geräusche oder nimmst einen wunderbaren Duft wahr. **Du bist ganz ruhig und entspannt. Du bist ganz ruhig und entspannt.**

Falls du es nicht schon getan hast, suche dir an deinem Ort einen Platz zum Genießen, einen Ort an dem du dich hinlegen kannst, um einfach zu entspannen. Konzentriere dich auf deinen Körper und nimm wahr, wie er von der Schwerkraft langsam zu Boden gezogen wird, was sich in einem schönen Gefühl in dir auswirkt. **Dein Körper ist angenehm schwer. Dein Körper ist angenehm schwer.** Vielleicht erinnerst du dich an einen Tag, an dem du viel erlebt hast, um dann abends ins Sofa zu sinken und glücklich noch einmal die schönsten Momente des Tages revue-passieren lässt. **Dein Körper ist angenehm schwer. Dein Körper ist angenehm schwer.** Lass einfach alle so sein, wie es ist und freue dich über diese angenehme Schwere, die dir die Zeit zum Genießen gibt. **Dein Körper ist angenehm schwer. Dein Körper ist angenehm schwer. Du bist ganz ruhig und entspannt.**

An deinem Lieblingsplatz gibt es irgendwo die Möglichkeit, eine angenehme Wärme durch deinen Körper strömen zu lassen. Das kann warmes Wasser in der Badewanne sein, eine weiche, warme Kuscheldecke oder die Strahlen der Sonne auf deiner nackten oder bedeckten Haut. **Dein Körper ist angenehm warm. Dein Körper ist angenehm warm.** Lass nun diese Wärme in deinem Körper gleiten, an die Stellen, die dir vielleicht vorhin noch etwas unbequem oder verspannt vorgekommen sein könnten. **Dein Körper ist angenehm warm. Dein Körper ist angenehm warm.** Die angenehme Wärme lässt nun die letzten Unbequemlichkeiten einfach verschwinden und dich noch tiefer in die Entspannung gleiten. **Dein Körper ist angenehm warm. Dein Körper ist angenehm warm.** - Jetzt! - **Du bist ganz ruhig und entspannt.**

Dein Lieblingsplatz hält so viele Überraschungen für dich bereit – Vielleicht siehst du jemanden tief schlafend dort, jemanden, den du vielleicht sogar kennst. Sein Brustkorb hebt und senkt sich gleichmäßig im Takt seines Schlafs, wie auch dein Atem sich diesem Takt wie von alleine anzupassen scheint. **Dein Atem geht ruhig und gleichmäßig. Dein Atem geht ruhig und gleichmäßig.** Ein – und aus … Ein – und aus. (mehrmals, langsamer werdend) **Dein Atem geht ruhig und gleichmäßig. Dein Atem geht ruhig und gleichmäßig.** Wie auch du immer ruhiger und entspannter werden kannst und wirst. **Dein Atem geht ruhig und gleichmäßig. Dein Atem geht ruhig und gleichmäßig. Du bist ganz ruhig und entspannt.**

Lege nun in Gedanken deine Hände auf dein Herz. Vielleicht kannst du den Stoff oder die Haut unter deinen Händen fühlen. Und möglicherweise folgst du jetzt bereits dem Takt deines Herzens der ruhig und regelmäßig deinen Lebensfluss begleitet. **Dein Herzschlag geht ruhig und regelmäßig. Dein Herzschlag geht ruhig und regelmäßig.** Jeden Moment in deinem Leben ist dein Herz für dich da, sorgt für dich, schlägt für dich, auch in der einsamsten Situation ist da wer, der immer für dich da ist. An deinem Lieblingsplatz ist kann dir das nun ganz besonders bewusst werden. **Dein Herzschlag geht ruhig und regelmäßig. Dein Herzschlag geht ruhig und regelmäßig.** Bedanke dich bei deinem Herzen, das du die meiste Zeit deines Alltags gar nicht wahrnimmst, dass es für dich immer und zuverlässig schlägt. **Dein Herzschlag geht ruhig und regelmäßig. Dein Herzschlag geht ruhig und regelmäßig. Du bist ganz ruhig und entspannt.**

Jetzt oder später wirst du erkennen, dass dein Körper schon längst begonnen hat, deinen Alltag zu vergessen und deine Gedanken die Ruhe an deinem Lieblingsplatz genießen. Auch dein Immunsystem hat längst damit begonnen, alles schlechte, das man wohl oder übel im Alltag einsammelt, zu beseitige. Du kannst es einfach wahrnehmen, indem du die Wärme in deinem Sonnengeflecht registrierst. **Dein Sonnengeflecht ist strömend warm. Dein Sonnengeflecht ist strömend warm.** Kuschle dich richtig ein und fühle dich tief entspannt und wohl, während dein Immunsystem ganz von alleine für dich arbeitet – Weil du ihm die Zeit dafür gibst. **Dein Sonnengeflecht ist strömend warm. Dein Sonnengeflecht ist strömend warm.** Vielleicht möchtest du heute dein Sonnengeflecht einfach einmal leuchten lassen. Stelle dir vor, wie sich in deinem Sonnengeflecht die Energie deiner Gesundheit in deiner Lieblingsfarbe immer mehr zusammenbraut. Lass sie gleich nach oben explodieren, in einer Säule aus farbigem Licht, in einer Fontäne der Glückseligkeit. **Dein Sonnengeflecht ist strömend warm. Dein Sonnengeflecht ist strömend warm. Du bist ganz ruhig und entspannt.**

Lass dieses Gefühl nun in deine Erinnerung wandern, sodass du es immer wieder aufrufen kannst, wenn du möchtest, besonders aber, wenn du es dringend brauchst. Komm zurück auf den Boden der Realität und freue dich über die angenehme Kühle, die auf deiner Stirn jetzt oder gleich entsteht. **Deine Stirn ist angenehm kühl. Deine Stirn ist angenehm kühl.** Du bist zurück an deinem Lieblingsplatz, an deinem stillen Ort der Entspannung, den du jetzt und für immer in deinen Alltag mitnehmen kannst und wirst. **Deine Stirn ist angenehm kühl.** Du bist ganz ruhig und entspannt. Genieße noch einen Moment diese angenehme Kühle, (die gerade im Sommer dir so gut tun kann.)

Aufwachübung

# 7. Ein Tag im Chinesischen Garten

Schließe deine Augen und tauche ein in die Wunderwelt eine chinesischen
Gartens. Höre das Zwitschern der Vögel. Der Frühlingsduft von
rosafarbenen Kirschblüten steigt wohlig in deine Nase. Zeit zu entspannen
– Zeit loszulassen. In einem Pavillon haben sie eine Harfenspielerin und ein
Mönch mit einer chinesischen Geige niedergelassen. Sie spielen ihre
Melodie am Ufer des Teichs in diesem Garten. Lass dich mitnehmen von
den Klängen der Musik. **Du bist ganz ruhig und entspannt.**
Beobachte, wie sich bereits jetzt dein Atem immer mehr beruhigt hat und du
ganz du selbst sein kannst. Der warne Frühlingswind streicht sanft über
deine Haut, und lädt dich zum träumen ein, während du immer mehr deiner
Gedanke einfach ziehen lassen kannst. Alles Alltagssorgen ziehen wie
Blätter getragen vom Wind einfach an dir vorüber. … Wie schön es ist tief
im Inneren diese Ruhe zu spüren, die du vielleicht schon aus einer anderen

Situation kennst – an einem Ort, an dem du dich so wohl fühlst. Du bist ganz ruhig und entspannt - **Du bist ganz ruhig und entspannt.**

Lenke nun deine Aufmerksamkeit auf deinen Körper. Loslassen, entspannen – jeder Muskel – Zeit fließt - **Dein Körper ist angenehm schwer.** Tiefe und das Rascheln der Blätter im Wind. **Dein Körper ist angenehm schwer. Dein Körper ist angenehm schwer.** Nach einem wunderbaren Tag, an dem du so viel schönes erlebt hast, kannst du diese angenehme Schwere fühlen. **Dein Körper ist angenehm schwer. Dein Körper ist angenehm schwer.** Fühle den Ort, von dem aus diese wohltuende Schwere sich jetzt noch mehr  in deinem Körper auszubreiten beginnt. **Dein Körper ist angenehm schwer. Du bist ganz ruhig und entspannt.**

Konzentriere dich nun auf den Ort in deinem Körper, wo sich unmerklich  in dieser Schwere eine angenehme Wärme auszubreiten begonnen hat. **Dein Körper ist angenehm warm. Dein Körper ist angenehm warm.** Fühle diese angenehme Wärme, die mit jedem Atemzug sich noch mehr in deinem Körper ausbreitet. **Dein Körper ist angenehm warm.** Durch die Blätter des roten Ahorns blinzeln die Sonnenstrahlen auf deine Haut und wärmen dich so, wie du es dir vielleicht schon lange gewünscht hast. **Dein Körper ist angenehm warm. Dein Körper ist angenehm warm.** Lass es zu, dass diese angenehme Wärme nun deinen ganzen Körper von Kopf bis zu den Füßen erfüllt. **Dein Körper ist angenehm warm. Du bist ganz ruhig und entspannt.**

Und so wandelst du versonnen die verschlungenen Wege des Gartens entlang und spürst vielleicht jetzt schon, wie dein Atem ganz ruhig und gleichmäßig ist. **Dein Atem geht  ruhig und gleichmäßig. Dein Atem geht  ruhig und gleichmäßig.** Du beobachtest einen Vogel, der sich irgendwohin in die Luft erhebt, und den großen Ast, der ihn sicher getragen hat, zum Ausschwingen bewegt. Immer langsamer und ruhiger bewegt sich der Ast, wie sich auch dein Atem immer ruhiger und gleichmäßiger anfühlt. **Dein Atem geht ruhig und gleichmäßig. Dein Atem geht ruhig und gleichmäßig.** Lass nun auch die letzten Dinge, die dich belasten, mit dem nächsten Ausatmen einfach tief aus dir herausströmen. **Dein Atem geht ruhig und gleichmäßig. Dein Atem geht ruhig und gleichmäßig. Du bist ganz ruhig und entspannt.**

Mit jedem Takt der Melodie, mit jedem Wort meiner Stimme, kannst du die Ruhe in dir noch mehr genießen. Spüre, wie sich dein Herzschlag in den letzten Minuten an den Takt der Harfenklänge und ein chinesischen Melodie angepasst hat. **Dein Herzschlag geht ruhig und regelmäßig. Dein Herzschlag geht ruhig und regelmäßig.** Bedanke dich bei deinen Herzen, dass es immer so zuverlässig für dich da ist und fühle in dich hinein, wie es für dich schlägt. **Dein Herzschlag geht ruhig und regelmäßig. Dein Herzschlag geht ruhig und regelmäßig.** Lass nun alle guten Gefühle, die du hier an diesem Ort in dir spüren kannst in dein Herz hineinfließen um ihm gutes zu tun – um dir gutes zu tun. **Dein Herzschlag geht ruhig und regelmäßig. Dein Herzschlag geht ruhig und regelmäßig. Du bist ganz ruhig und entspannt.**

Wandere nun mit deiner Aufmerksamkeit hinunter zu deinem Sonnengeflecht. **Dein Sonnengeflecht ist strömend warm. Dein Sonnengeflecht ist strömend warm.** Lasse angenehme warme Strahlen der Sonnen auf deinen Bauch scheinen und genieße. **Dein Sonnengeflecht ist strömend warm.** Die Wärme der Sonne breitet sich langsam von deinem Sonnengeflecht in alle Richtungen aus und du beginnst die heilende Wirkung auf deinen Körper, überall dort, wo sie gebraucht wird, zu spüren. Fühle, wie die Wärme der Sonne in diesem chinesischen Garten in die kleinste Zelle deines Körpers vordringt. Dein Sonnengeflecht ist strömend warm . **Dein Sonnengeflecht ist strömend warm.** Auch spürst du, wie dein Immunsystem sich regeneriert und immer stärker und stärker wird. **Dein Sonnengeflecht ist strömend warm. Du bist ganz ruhig und entspannt.**

Versonnen blickst du auf den Himmel und beobachtest die kleinen, weißen Wolken, sie über den Himmel gleiten. Eine Wolke wirft einen Schatten nur auf deinen Kopf. Der Rest des Körpers wird weiter von der Sonne angenehm gewärmt. **Deine Stirn ist angenehm kühl.** Spüre, wie deine Gedanken zur Ruhe kommen und das seelische Loslassen ganz einfach der körperlichen Entspannung folgen kann. **Deine Stirn ist angenehm kühl.** Alles, was dich belastet hat, der Stress und negative Gedanken reisen ganz einfach mit den Wolken davon. **Deine Stirn ist angenehm kühl. Du bist ganz ruhig und entspannt.**

Aufwachübung

28

# 8. Spaziergang im Regenwald

Schließe deine Augen und folge meine Worten in einen tropischen Regenwald. Hier kannst du vieles entdecken, während sich die Stimmung dort auf deine innere Ruhe positiv auswirken kann und wird. Vielleicht hast du dich bereits in Gedanken etwas umgesehen, die Baumriesen und Lianen betrachtet. Vielleicht ist dir aber noch gar nicht aufgefallen, welche fülle an Eindrücken sich abspielt, wenn du deinen Blick langsam nach unten wendest. **Du bist ganz ruhig und entspannt.** Der weiche Waldboden lädt dich ein, deine Schuhe auszuziehen und das warme Moos einfach direkt zu fühlen. Geh ein paar Schritte und nimm den angenehm, feucht-warmen Duft des Waldes war. … Höre auf die Geräusche. Die Vögel, das Rascheln der Blätter... Waren das Affen dort oben? Lass diese Stimmung auf dich wirken – tauche hinein und lass dich fallen. **Du bist ganz ruhig und entspannt.**

Der Waldboden mündet an eine Stelle, die trockenes, warmes Moos für dich bereit hält. Du legst dich hin und fühlst das weiche, warme Moos an deiner Haut. **Dein Körper ist angenehm schwer. Dein Körper ist angenehm schwer. Dein Körper ist angenehm schwer.** Spürst du, wie dich das Moos langsam und sanft einsinken lässt? Lasse dieses wunderbare Gefühl jetzt noch mehr zu. **Dein Körper ist angenehm schwer. Dein Körper ist angenehm schwer.** Träume dich hinein, in deine Welt der Entspannung. **Dein Körper ist angenehm schwer. Du bist ganz ruhig und entspannt.**

Wenn du nach oben siehst, kannst du vielleicht das eine oder andere Tier in den Wipfeln der Bäumen erkennen. Ein Schmetterling fliegt vergnügt vorbei und seine Flügel funkeln in der Sonne. **Dein Körper ist angenehm warm. Dein Körper ist angenehm warm.** Langsam bewegen sich die Wipfel der

Baumriesen im warmen Wind, der über sie streicht. Ein angenehm warmes Gefühl kann jetzt oder gleich auf deiner Haut entstehen, wenn du weiter versunken im weichen Moos liegst. **Dein Körper ist angenehm warm. Dein Körper ist angenehm warm.** Vielleicht erinnerst du an eine Situation, in der du diese Wärme auch fühlen konntest. **Dein Körper ist angenehm warm. Dein Körper ist angenehm warm. Du bist ganz ruhig und entspannt.**

Ein plätscherndes Geräusch erregt deine Aufmerksamkeit. Und so stehst du langsam auf und gehst mit achtsamen, geradezu andächtigen Schritten in Richtung dieses Plätscherns. Dabei **atmest du ruhig und gleichmäßig. Dein Atem geht ruhig und gleichmäßig. Dein Atem geht ruhig und gleichmäßig.** Wie schön es ist, einfach so durch den wunderbar duftenden Wald zu schlendern, die angenehm feuchte Wärme auf der Haut zu spüren und sich vom Klang des Waldes verzaubern zu lassen. **Dein Atem geht ruhig und gleichmäßig. Dein Atem geht ruhig und gleichmäßig.** Atme die frische Luft ganz tief ein und genieße... **Dein Atem geht ruhig und gleichmäßig. Du bist ganz ruhig und entspannt.**

Tatsächlich hast du dich nicht verhört. Wie kleine Sterne fallen Wassertropfen über einen Abhang hinunter und zerbersten an den warmen grau-feuchten Steinen in tausend kleine Atome. Sie glitzern in der Sonne und vielleicht hast du das Gefühl, alles in Zeitlupe zu erleben. Vielleicht scheint sie aber auch still zu stehen. Alles, was ruhig und regelmäßig die Wahrnehmung deiner Zeit begleitet, ist dein Herzschlag. **Dein Herzschlag geht ruhig und regelmäßig. Dein Herzschlag geht ruhig und regelmäßig. Dein Herzschlag geht ruhig und regelmäßig.** Halte eine Hand unter das langsam tropfende Tropenwasser, lege die andere Hand auf dein Herz und beobachte fasziniert, wie sich das Tropfen des Wassers mit deinem Herzschlag zu synchronisieren scheint. **Dein Herzschlag geht**

**ruhig und regelmäßig. Dein Herzschlag geht ruhig und regelmäßig. Dein Herzschlag geht ruhig und regelmäßig. Du bist ganz ruhig und entspannt.**

Kannst du bereits jetzt diese Verbundenheit mit der Erde spüren? Tief in dir laufen unbewusste Prozesse, die deine Heilung an allen Stellen, wo es notwendig ist, aktivieren können und werden. Die Kraft scheint direkt aus den Tropfen des warmen Tropenwassers durch deinen Arm und deinen Oberkörper in dein Sonnengeflecht zu wandern. **Dein Sonnengeflecht ist strömend warm. Dein Sonnengeflecht ist strömend warm. Dein Sonnengeflecht ist strömend warm.** Fühle, wie sich deine Heilung auf körperlicher, aber auch auf seelischer Ebene in dir auszubreiten beginnt. **Dein Sonnengeflecht ist strömend warm. Dein Sonnengeflecht ist strömend warm.** Lass es einfach zu und staune. **Dein Sonnengeflecht ist strömend warm. Du bist ganz ruhig und entspannt.**

Streiche nun sanft mit der vom Tropenwasser benetzten Hand über deine Stirn und genieße das angenehm kühle Gefühl, die das merklich verdunstende Wasser auf deiner Haut hinterlässt. **Deine Stirn ist angenehm kühl. Deine Stirn ist angenehm kühl. Deine Stirn ist angenehm kühl. Du bist ganz ruhig und entspannt.**

(Raum für die individuelle Formel)

Nimm diese Ruhe und diese angenehme Kraft ganz tief in dir auf. Lass deine Seele in ihrer Reinheit neu entstehen und genieße noch ein wenig die Früchte deines Autogenen Trainings. …

Aufwachübung

# 9. Der fliegende Teppich

Schließe deine Augen und lasse dich ein, auf eine Reise, in deine Welt der Entspannung. Da du nun schon etwas Erfahrung mit Autogenem Training hast, entführe ich dich heute auf einem fliegenden Teppich hoch hinaus, sicher und geborgen, mit einer ungeahnten Tiefe, die du vielleicht so noch nicht erlebt hast. Lege vielleicht denkst du bereits an einen Teppich, den du zu Hause hast, vielleicht aber auch einen Teppich in einem Film gesehen oder du nimmst einfach einen aus deiner Fantasie, den du nach deinen Wünschen gestalten kannst. Lege dich nun in Gedanken darauf und konzentriere dich auch deine Atmung – lass mit jedem Atemzug ein bisschen mehr los und freue dich auf die Entspannung, die du jetzt schon kennen lernen durftest. **Du bist ganz ruhig und entspannt. Du bist ganz ruhig und entspannt.**

Möglicherweise kannst du jetzt schon spüren, wie der Teppich ein Eigenleben entwickeln kann. Fühle seine Fasern auf deiner Haut und diesen angenehmen Geruch, den er verströmt. Während der Teppich leichter und leichter zu werden scheint, kannst du diese angenehme Schwere in dir spüren, die euch beide noch am Boden hält. **Dein Körper ist angenehm schwer. Dein Körper ist angenehm schwer. Dein Körper ist angenehm schwer.** Spüre, wie sich die Ränder des Teppichs zauberhaft in die Luft zu bewegen beginnen und dein Körper tiefer in den Teppich einsinkt, sich vom Boden löst und von deinem magischen Teppich getragen wird. **Dein Körper ist angenehm schwer. Dein Körper ist angenehm schwer. Dein Körper ist angenehm schwer. Du bist ganz ruhig und entspannt.**

Scheinbar schwerelos erhebt sich der Teppich weiter und weit in die Höhe. Spüre den sanften Wind, der dabei entsteht und über dein Gesicht streicht. Es ist Sommer und der Teppich bringt dich sicher und geborgen auf eine Höhe, die sich gut für dich anfühlt, denn er ist der Sonne so nah gekommen, dass eine angenehme Wärme in deinem Körper fühlbar wird. **Dein Körper ist angenehm warm. Dein Körper ist angenehm warm. Dein Körper ist angenehm warm.** Lass die Wärme nun ganz gezielt in die Bereiche deines Körpers fließen, wo du noch mehr von dieser Wärme haben möchtest. Drehe deinen fliegenden Teppich einfach in die Richtung, die von der Sonne mehr bestrahlt werden soll. Vielleicht beobachtest du auch ein paar Federwolken am blauen Himmel und genießt dieses schöne Gefühl, von der Sonne beschienen zu werden. **Dein Körper ist angenehm warm. Dein Körper ist angenehm warm. Dein Körper ist angenehm warm. Du bist ganz ruhig und entspannt.**

Lass uns ein Spiel spielen – möglicherweise hast du bereits festgestellt, dass der Teppich von deinem Atem wegbewegen lässt. Atme ein – und aus – und nimm wahr, wie der Teppich wie ein Oktopus, der seine Arme zum Rudern benutzt, von deinem Atem einfach weggetragen wird. Ein – und aus. Tief und weit. Ein- und aus. Tief und weit. **Dein Atem geht ruhig und gleichmäßig. Dein Atem geht ruhig und gleichmäßig. Dein Atem geht ruhig und gleichmäßig.** Beobachte den Himmel, beobachte dich selbst, diese Wärme, diese Schwere, den Windhauch in deinem Gesicht und das Geräusch deines ruhiger werdenden Atems. **Dein Atem geht ruhig und gleichmäßig. Dein Atem geht ruhig und gleichmäßig. Dein Atem geht ruhig und gleichmäßig. Du bist ganz ruhig und entspannt.**

Du bist bis zu einem wunderschönen Berg geflogen. Er ist oben, weit weg mit Schnee bedeckt und unten kannst du vielleicht das saftige Grün erkennen, auf dem ein paar Schafe weiden. Mitten im Berg ist eine Höhle.

Es ist eine ganz besondere Höhle. Aus Sagen und Legenden ist diese Höhle als Ort des inneren Rückzugs bekannt. So setzt du dich auf deinem Teppich auf, während du tiefer entspannst und nimmst eine Meditationshaltung oder den Schneidersitz ein, ganz wie es dir gefällt. Vielleicht lässt du auch einfach die Beine links und rechts vom Teppich baumeln, wenn dir das angenehm ist und fliegst in das angenehm trocken-warme dunkel. ... Du bist da – du bist ganz bei dir. Nichts zu sehen, nichts zu hören. Oder doch? Ein warmes pochen hallt von den Wänden der Höhle wieder. Es ist kaum zu glauben, aber es ist dein Herzschlag. **Dein Herzschlag geht ruhig und regelmäßig. Dein Herzschlag geht ruhig und regelmäßig. Dein Herzschlag geht ruhig und regelmäßig.** Scheinbar bist du in dir selbst angekommen, in der Höhle des inneren Rückzugs. Sei dankbar, für das, was dein Herz für dich leistet und höre im besonnen, ruhig und voller Liebe zu. **Dein Herzschlag geht ruhig und regelmäßig. Dein Herzschlag geht ruhig und regelmäßig. Dein Herzschlag geht ruhig und regelmäßig. Du bist ganz ruhig und entspannt.**

Stecke deine Arme aus und wende dich nach links. Dein Teppich folgt dir. Wende dich nach rechts. Dein Teppich folgt dir. Neige dich nach vorn oder nach hinten. Dein Teppich folgt dir. Fühle den Spaß, den es machen kann, hier einfach alles im Griff zu haben und doch frei zu schweben. ... Drehe dich nun mit deinem Teppich in Richtung Ausgang, sodass du aus dem warmen Dunkel der Höhle die wunderbare Natur, umrahmt vom Höhleneingang sehen kannst. Lege deine Hände nun rund um deinen Bauch. Forme ein Rohr, das von deinem Sonnengeflecht hinaus in die Welt strahlt. Und gib, Kraft deiner Fantasie, nun diese tiefe Liebe, die vielleicht jetzt schon in dir ins unermessliche gestiegen ist, hinaus in die Welt. Sende Sie aus, strahle sie aus und fühle, wie sich dein Sonnengeflecht anfühlt. **Dein Sonnengeflecht ist strömend warm. Dein Sonnengeflecht ist**

**strömend warm. Dein Sonnengeflecht ist strömend warm.**
Möglicherweise kannst du die Verbindung die du intuitiv zwischen dir und den Welt hergestellt hast, jetzt schon fühlen. Diese Heilung, die die Welt in deinen Körper sendet. Das was dich emotional oder körperlich krank gemacht hat, ist bereits seit langem in einen Heilungsprozess eingetreten. Freue dich und schicke noch mehr Liebe dafür in die Welt. **Dein Sonnengeflecht ist strömend warm. Dein Sonnengeflecht ist strömend warm. Dein Sonnengeflecht ist strömend warm. Du bist ganz ruhig und entspannt.**

Vollgetankt mir neuer Kraft verlässt du die Höhle in Dankbarkeit und spürst, dass du so viel neuen Mut und Sicherheit gewonnen hast, dass du den Teppich einfach mal beschleunigen willst. Das Leben ist ein Spiel, denkst du dir und neigst dich nach vorn. Sicher und voller Spaß an der Geschwindigkeit traust du dir mehr zu, als du jemals gedacht hättest und genießt, wie die Landschaft nun schneller an dir vorbeizieht. Der König oder die Königin der Welt. Dieses Gefühl wird für dich erklärbar! Dein Geist ist durch deine Reise sehr wach geworden und gesundet. Im Rausch der Geschwindigkeit spürst du den Flugwind an deiner Stirn. **Deine Stirn ist angenehm kühl. Deine Stirn ist angenehm kühl. Deine Stirn ist angenehm kühl. Du bist ganz ruhig und entspannt.** Lass nun die Geschwindigkeit langsamer werden indem du dich einfach zurückneigst.

(Raum für die individuelle Formel)

Lass die Ruhe noch mehr in dir einkehren und nimm deine Reise voller Eindrücke mit in deinen Alltag. Lande sanft auf eine Sommerwiese, mitten im Blütenmeer und beginne mit der Aufwachübung.

# 10. Der magische Ring

*Bei diesem Autogenen Training können die Teilnehmer auch die Formeln an den entsprechenden Stellen selbst zu sich sagen. Dies muss jedoch mit den Teilnehmern im Vorfeld ausgemacht werden! Tipp: Um alle gleich zu takten, kann man statt der gesprochenen Formel nur zählen. „1 ....Pause..., 2 ....Pause..., usw."*

Begib dich in eine dir angenehme Position. Du kannst sie jederzeit verändern, sollte sich etwas unangenehm anfühlen. Schließe deine Augen und lass die wieder hineinfallen in deine Entspannung, die dir immer so gut tut. Heute reisen wir in die Situationen in denen du dein erlerntes neues Werkzeug, mit dem du immer und jederzeit deinen Stress gar nicht erst aufkommen lassen kannst, anwenden wirst.

Und so bitte ich dich, dir jetzt einen Raum vorzustellen, in dem viel Platz ist – vielleicht ein Schlosssaal oder eine Halle, eine Grotte oder einen Platz in einem wunderschönen Park. … An diesem Ort gibt es vielleicht Geräusche, vielleicht kannst du auch einen besonders angenehmen Duft wahrnehmen? Sieh dich genau um: Du wirst feststellen, dass sich in der Mitte dieses Ortes ein magischer Ring befindet. Er kann gezeichnet sein oder aus Schatten oder vielleicht aus Lichtflecken bestehen. Zähle genau. Auf dem Ring befinden sich 6 Kreise, 6 Stellen, die wir gleich gemeinsam bereisen werden. In der Mitte des Kreises, in deiner Mitte ist die totale Entspannung angesagt. Stelle dort einen Stuhl, ein Sitzkissen, ein Sofa oder etwas anderes hin, das dich einlädt, darauf einfach nur zu entspannen. Setzt oder lege dich darauf. … Und genieße … **Du bist ganz ruhig und entspannt. Du bist ganz ruhig und entspannt.**

Suche dir nun den ersten Kreis in deinem magischen Ring aus. Gehe hin und betrete gleich diesen ersten Kreis mit Ehrfurcht, denn es wird gleich etwas wunderbares geschehen. Es ist der Kreis, in dem du die Schwereübung in einer Situation, in der du sie brauchen kannst, testet. Dein Unbewusstes weiß seit langem, welche Situation beispielhaft für diese Übung ist. Trete nun in den Kreis und beobachte deine Gefühlswelt, wenn du nun die Schwereübung machst. **Dein Körper ist angenehm schwer. Dein Körper ist angenehm schwer. Dein Körper ist angenehm schwer. Dein Körper ist angenehm schwer. Dein Körper ist angenehm schwer. Dein Körper ist angenehm schwer. Du bist ganz ruhig und entspannt.**

Trete aus dem Kreis und fühle, wie du diese angenehme Schwere in dir aufgenommen hast. … Trete nun in eine neue Situation ein. In den zweiten Kreis, den Kreis der angenehmen Wärme. Gehe in eine neue Situation aus deinem Berufsleben oder Privatleben und Führe dich Wärmeübung durch. Jetzt! **Dein Körper ist angenehm warm. Dein Körper ist angenehm warm. Dein Körper ist angenehm warm. Dein Körper ist angenehm warm. Dein Körper ist angenehm warm. Dein Körper ist angenehm warm. Du bist ganz ruhig und entspannt.**

Komm aus dem Kreis und genieße, wie angenehme Schwere und Wärme deinen Körper durchfluten. Mich würde nicht wundern, wenn du gar keine Lust mehr hast, noch weiter zu entspannen. Aber es kann so großartig sein, etwas für dich zu tun, darum gehe mit mir nun zum nächsten Kreis. Du kennst es schon. Bereite dich auf die nächste Überraschung aus deinem Unbewussten vor. Der Kreis der Atemübung wartet auf dich. Jetzt – hinein. Nimm die Situation mit allen Sinnen wahr. Achte nun darauf, wie sich deine Ruhe vergrößert, wenn du die Atemübung jetzt ausführst. **Dein Atem geht ruhig und gleichmäßig. Dein Atem geht ruhig und gleichmäßig. Dein Atem geht ruhig und gleichmäßig. Dein Atem geht ruhig und**

**gleichmäßig. Dein Atem geht ruhig und gleichmäßig. Dein Atem geht ruhig und gleichmäßig. Du bist ganz ruhig und entspannt.**

Trete aus dem Kreis und springe gleich in den nächsten. Kannst du noch? Ich denke schon! Führe die Herzübung jetzt aus und beobachte, wie deine Anspannung immer mehr und mehr schwindet. **Dein Herzschlag geht ruhig und regelmäßig. Dein Herzschlag geht ruhig und regelmäßig. Dein Herzschlag geht ruhig und regelmäßig. Dein Herzschlag geht ruhig und regelmäßig. Dein Herzschlag geht ruhig und regelmäßig. Dein Herzschlag geht ruhig und regelmäßig.**

Trete aus dem Kreis und beobachte dich als ganzes. Wo kannst du die Entspannung am meisten fühlen. Wie äußert sich Entspannung in deinem Körper? Wann kannst du sie an die noch nicht so entspannten Stellen fließen lassen.

Stelle dich nun auf dem Ring so hin, dass du den Kreis der Schwere, der Wärme, des Atems und des Herzens sehen kannst. Vielleicht siehst du auch, wie sich der Ring in deiner Lieblingsfarbe zwischen den Kreisen verfärbt hat. Von Kreis zu Kreis immer kräftiger bis er schließlich in den Kreis der Sonnengeflechtsübung mündet. Stelle dich auf diesen Kreis und spüre, wie jetzt oder gleich dieses Farbspiel durch deine Füße in deinen Körper wandert. Vielleicht als warmes, kribbelndes Gefühl? Immer weiter wandert dieses Farbspiel, bis es heilend deinen gesamten Körper erfüllt. Das Farbspiel sprudelt strömend warm aus deinem Sonnengeflecht. Unterstütze diese Magie deines Körpers mit der Formel für dein Sonnengeflecht. **Dein Sonnengeflecht ist strömend warm. Dein Sonnengeflecht ist strömend warm.Dein Sonnengeflecht ist strömend warm.Dein Sonnengeflecht ist strömend warm.Dein Sonnengeflecht**

**ist strömend warm.Dein Sonnengeflecht ist strömend warm. Du bist ganz ruhig und entspannt.**

Stell dich zurück auf den Ring. Nun liegt noch der letzte Kreis vor dir. Angenehme Kühle geht von ihm aus, je näher du kommst. Warst du früher ein Hitzkopf in manchen Situationen? Dann sei gespannt, in welche Situation dich dieser Kreis entführt. Steige hinein und wende die Stirnformel an. **Deine Stirn ist angenehm kühl. Deine Stirn ist angenehm kühl. Deine Stirn ist angenehm kühl. Du bist ganz ruhig und entspannt.**

Trete aus dem Kreis und bewundere, wie sich alle Kreise mit dem Ring zu einer Einheit verbunden haben. Pulsierend und leuchtend in deiner Lieblingsfarbe, ruhig und glänzend, wie ein sanft wogendes Schiff ankernd im Abendlicht.

Setze oder lege dich wieder in die Mitte des Kreises und genieße. ... Sprich nun deine individuelle Formel 6 Mal und nimm wahr, wie sich der Ring um dich zu drehen beginnt. Wie alle Situationen, die früher so anstrengend waren in Bewegung kommen, sich zu deinem Vorteil verändern, in deiner Lieblingsfarbe erscheinen. Stelle die Geschwindigkeit, während du deine Formel für dich sagst auf die für dich optimale. Jetzt.

Ziehe nun diesen Ring zu dir heran. Verkleinere ihn, komprimiere ihn sodass er in deinen Bauchraum wandert und dort für dich für immer angenehm weiterkreist. Justiere noch einmal, bis es perfekt für dich ist. ... Wenn alles stimmig ist, beginne mit der Aufwachübung.

Für Anregungen bin ich immer dankbar!

Besuchen Sie mich auch auf meiner Homepage

www.münchner-hypnosepraxis.de

Bildmaterial: pixabay.com

Herstellung und Verlag:
BoD - Books on Demand, Norderstedt
ISBN 978-3-7448-2944-1